ICONES
HISTORIA-
RVM VETERIS
TESTAMENTI,

*

Ad viuum expressæ, extremáque diligentia emendatiores
factæ, Gallicis in expositione homœoteleutis,
ac versuum ordinibus (qui prius
turbati, ac impares) suo
numero restitutis.

*

LVGDVNI,
Apud Ioannem Frellonium,
1547.

FRANCISCVS FRELLONIVS
Christiano Lectori   S.

En tibi, Christiane lector, sacrorum cano-
num tabulas, cum earundem & Latina & Gal
lica interpretatione officiose exhibemus: Illud
in primis admonentes, ut reiectis Veneris, &
Dianæ, cæterarúmque dearū libidinosis ima-
ginibus, quæ animum uel errore impediunt,
uel turpitudine labefactāt, ad has sacrosanctas
Iconas, quæ Hagiographorum penetralia di-
gito commonstrant, omnes tui conatus refe-
rantur. Quid enim pulchrius, aut Christiano
homine dignius, quàm ad has res animū adiice
re, quæ solæ fidei mysteria sapiunt, & Deum
creatorem nostrum unicè amare, ac ueram
religionem profiteri præcipiunt? Tuum igitur
erit hunc nostrum laborem æquo animo susci
pere, ac cæteros commonefacere, ut eiusmo-
di omnia ad Dei largitoris beneficen
tissimi gloriam, & honorem diri-
gere meminerint. Vale
Lector, & fruere.

Nicolai Borbonii Vando-
perani Poetæ Lingonenſis
Ad Lectorem Carmen.

NVPER in Elyſio cùm fortè erra-
    ret Apelles,
Vnà aderat Zeuſis, Parrhaſiúsque
    comes.
Hi duo multa ſatis fundebant uerba: ſed ille
    Interea mœrens & taciturnus erat.
Mirantur comites, faríque hortãtur, & urgẽt:
    Suſpirans imo pectore Coûs, ait:
O famæ ignari, ſuperis quæ nuper ab oris
    (Vana utinã) Stygias uenit ad uſq; domos:
Scilicet, eſſe hodie quendã ex mortalibus unũ,
    Oſtendat qui me uóſque fuiſſe nihil:
Qui nos declaret Pictores nomine tantùm,
    Picturæ'que omneis antè fuiſſe rudes.
Holbius eſt homini nomẽ, qui nomina noſtra
    Obſcura ex claris, ac propè nulla facit.
Talis apud Manes querimonia fertur: & illos
    Sic equidem meritò cenſeo poſſe queri.

A 2

Nã tabulã ſi quis uideat, quã pinxerit Hanſus
    Holbius, ille artis gloria prima ſuæ:
Protinus exclamet, Potuit Deus edere mõſtrũ
    Quod uideo: humanæ nõ potuêre manus.
Icones hæ ſacræ tanti ſunt (optime lector)
    Artificis, dignum quod uenerêris opus.
Proderit hac pictura animum pauiſſe ſalubri,
    Quæ tibi diuinas exprimit hiſtorias.
Tradidit arcano quæcúque uolumine Moſes,
    Totque alii uates, gens agitata Deo,
His HANSI tabulis repræſentantur: & unà
    Interpres rerum ſermo Latinus adeſt.
Hæc legito. Valeat rapti Ganymedis amator:
    Síntque procul Cypriæ turpia furta Deæ.

Eiuſdem Borbonij Poetæ.

Δίστιχον.
Ὦ ξέν' ἰδών εἴδωλα θεοῖς ἐμπνοῖσιν ὅμοια;
Ὀλβιακῆς ἔργον δέρκεο τοῦτο χερός.

Latinè idem penè ad uerbum.

Cernere uis, hoſpes, ſimulacra ſimillima uiuis?
Hoc opus Holbinæ nobile cerne manus.

Gilles Corrozet

Aux Lecteurs.

EN regardant ceſte tapiſſerie
L'œil corporel, qui ſe tourne, & uarie,
Y peut auoir un ſingulier plaiſir,
Lequel engendre au cœur certain deſir
D'aimer ſon Dieu, qui a faict tant de choſes
Dedans la letre, & ſaincte Bible encloſes.
Ces beaux portraictz ſeruiront d'exemplaire,
Monſtrant qu'il fault au Seigneur Dieu complaire:
Exciteront de luy faire ſeruice,
Retireront de tout peché, & uice:
Quand ilz ſeront inſculpez en l'eſprit,
Comme ilz ſont painctz, & couchez par eſcrit.
Donques oſtez de uoz maiſons, & ſalles
Tant de tapis, & de painctures ſalles,
Oſtez Venus, & ſon filz Cupido,
Oſtez Heleine, & Phyllis, & Dido,

A 3

Oſtez du tout fables & poeſies,
Et receuez meilleurs fantaſies.
  Mettez au lieu, & ſoyent uoz chambres ceinctes
Des dictz ſacrez, & des hiſtoires ſainctes,
Telles que ſont celles que uoyez cy
En ce liuret. Et ſi faites ainſi,
Grandz & petis, les ieunes & les uieulx
Auront plaiſir, & au cœur & au yeulx.

Plus que moins.

D E I Omnipotentis uerbo creantur, ac benẽ-
dicuntur terra, dies, nox, cœlum, mare, ſol,
luna, ſtellæ, piſces, & beſtiæ terræ. Creantur
quoque Adam & Heua.

G E N E S I S   I.

Dieu feit le ciel dés le commencement,
Puis terre, & mer, & tout humain ouurage:
Adam, & Heue il feit ſemblablement
Pleins de raiſon formez à ſon image.

ADAM in paradiso uoluptatis constituitur,
cui interdicitur ligno uitæ. Serpentis astutia
Adam & Heua seducuntur.

GENESIS   II. & III.

Dieu leur deffend que de l'arbre de Vie
Ne mangent fruict, sur peine de la Mort:
Mais le serpent, ayant sur eux enuie,
Fait tant qu'Adam au fruict de l'arbre mord.

A D A M, & H E V A cognito peccato suffugi-
unt faciem D E I, ac morti obiiciuntur. Che
rubim ante paradisum uoluptatis cū flam
meo gladio collocatur.

G E N E S I S   III.

Pour le peché qu'ilz feirent contre Dieu,
Furent maudictz chascum selon l'offense:
Puis Cherubim les met hors de ce lieu,
Et contre mort n'eurent plus de defense.

B

ADAM iubetur fodere & arare terram, eie-
ctus è paradiso. Mulier sub viri potestate
constituitur,& in dolore parit.

GENESIS III.

En grand labeur,& sueur de son corps
Le pere Adam a sa uie gaignée,
Heue tandis en doloreux effortz
Subiecte à l'Homme enfante sa lignée.

N o e iuſtus iuſſu Domini arcam ingreditur:
cæteris diluuio interemptis, ſeruatur. Emiſ-
ſis coruo, & columba, ex arca egreditur.

G E N E S I S   V I I.

Tous les humains par l'uniuers deluge
Furent peris, Noé le Patriarche
Par le uouloir de Dieu, & pour refuge
Auec les ſiens, entra dedans ſon arche.

B   2

B A B E L turris ædificatur, ex qua linguarum
confusio suboritur.

G E N E S I S   XI.

Nembroth geant commença à construire
La Tour Babel, dicte confusion:
Mais Dieu uoulant si grand orgueil destruire,
Es langues mist toute diuision.

A B R A H A M hoſpitio ſuſcipit Angelos.
Promittitur ei Iſaac. Poſt oſtium tabernacu
li ridet Sara. Sodomorum interitus Abra
hæ prædicitur. Orat pro Sodomitis.

GENESIS XVIII.

A Abraham les Anges ont promis
D'auoir un filz, Sara n'en fait que rire:
A deux genoux pour Sodome s'eſt mis,
En priant Dieu de retarder ſon ire.

ABRAHAE fides tentatur. Filium suum Isaac
immolare iubetur. Angelus Abraham ac-
clamat, ne filium occidat.

GENESIS XXII.

Dieu commanda à Abraham de faire
De son enfant Isaac sacrifice:
Au mandement uoulant doncq' satisfaire,
Dieu fut content de sa foy & iustice.

IACOB per aſtutiam matris præripit bene-
dictionem Eſau. Triſtatur Iſaac. Eſau con-
ſolatur.

GENESIS XXVII.

Le bon Iacob par conſeil de ſa mere
Eut d'Iſaac la benediction:
En ſe faignant eſtre Eſau ſon frere,
Qui ſe marrit de la deception.

G E N E S I S   XXXVII.

L'enfant Ioſeph fut mis en la ciſterne,
Pour un ſien ſonge à ſes freres predict,
Mais du Seigneur la prouidence eterne
A des marchans permit qu'on le uendit.

P H A R A O N I S somnia de septem bobus, &
spicis, eductus è carcere Ioseph exponit:
Supérque annonam Aegypti constituitur.

G E N E S I S   XLI.

Au souef dormir Pharaon se dispose,
Sept espiez uoit, & sept beufz en songeant,
Ioseph mis hors de prison, luy expose:
Qui sur Egypte est faict maistre, & regent.

C

Iacob moriturus adoptat sibi Ephráim
& Manassem, filios Ioseph: benedicítque
eisdem.

GENESIS XLVIII.

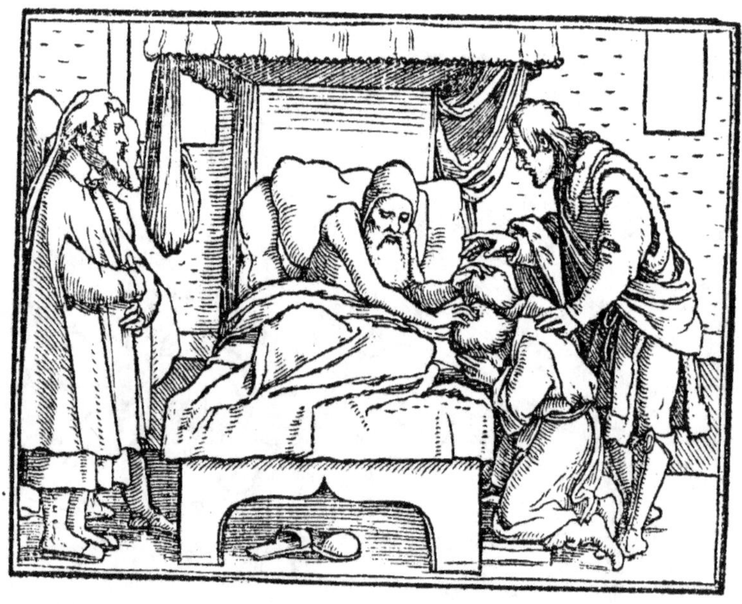

Iacob uoyant le sien eage prefix,
Et qu'il estoit bien pres de son deces,
Il adopta de Ioseph les deux filz,
L'un Ephraim, & l'autre Manasses.

EXODI I.

Ioseph est mort, & mis en sepulture,
Israël souffre une grand tyrannie,
Matrones sont de si doulce nature,
Qu'elles out sauué à tous masles la uie.

M O Y S E S paſcit oues. Videt DE V M in ru-
bo. Mittitur ad filios Iſraël , & Pharaonem
oppreſſorem.

EXODI III.

Le bon Moyſe en ſes brebis gardant
Fut enuoyé au peuple Iſraëlite
De Dieu, qu'il uit en un buiſſon ardant,
Auſsi deuers Pharaon roy d'Egypte.

EXODI V.

Auec son frere est Moyse adreßé
Vers Pharaon, priant pour Israël:
De plus en plus fut le peuple oppreßé
Par celuy Roy, & son peuple cruel.

C 3

P H A R A O induratus, infequitur Ifraëlitas,
& fubmergitur. Murmurant Ifraëlitæ, defpe
rantes de falute. Gradiuntur per mediĩ ma
ris ficcis pedibus. Parta uictoria D E V M
adorant.

E X O D I   X I I I I. & xv.

Tous les enfans d'Ifraël f'amafferent,
La rouge mer leur feit uoye, au deuant
Partit fes eaux, tant qu'a pied fec pafferent:
Mais Pharaon fut noyé les fuyuant.

ISRAELITAE in deſertum Sin proficiſcun-
tur. Murmurantibus pro cibo, pluit DEVS
coturnices, & man.

EXODI XVI.

Iceux paſſés, ilz ſe mettent en uoye
Dens les deſertz: & pour mieulx les pourueoir,
Noſtre Seigneur la manne leur enuoye,
Qu'il leur faiſoit du ciel en bas plouuoir.

ISRAELITAE ad montem Sinai castrame-
tantur. Iubetur populus sanctificari. In toni-
tru,& fulgure apparet DEVS, ut à populo
timeatur.

EXODI XIX.

Ceux d'Israël establirent leurs tentes
En Sinai, chascun se sanctifie:
Puis par tonnerre,& par fouldres patentes
Nostre Seigneur sa grandeur notifie.

ISRAELITIS iubentur formari arca, men-
fa, & candelabrum ad primitias Domino
offerendas. Panes propofitionis ad men-
fam apponuntur.

EXODI XXV.

L'arche ſe faiĉt, la belle table, auſſi
Le chandelier, par diſpoſition
De noſtre Dieu, ſur ceſte table cy
On met les pains de propoſition.

D

MOYSES inftauratis tabulis montem afcen-
dit. Orat DEVM ut cum populo gradia-
tur. Prohibetur focietas gentium, & ido-
lolatria.

EXODI   XXXIIII.

Dieu efcriuit les Tables de la Loy,
Moyfe enclin à deux genoux,le prie
Pour Ifrael,en ferme,& uiue foy:
Dieu luy deffend payenne idolatrie.

LEVITICI   I.

Dieu à Moyſe enſeigna ſon office,
Luy demonſtrant par mandementz nouueaux
Comme il conuient faire le ſacrifice
Des gras moutons, des uaches, & des ueaux.

Mᴏʏsᴇs iuſſu Dᴏᴍɪɴɪ turba undique
ante fores tabernaculi congregata, Aaro-
nem, & filios eius conſecrat.

Lᴇᴠɪᴛɪᴄɪ VIII.

Au mandement de Dieu le Createur,
Preſent le peuple, Aaron fut ſacré
Sur Iſraël, grand Eueſque & paſteur,
Et tous ſes filz chaſcun en ſon degré.

NADAB & ABIV, Aaron filii, contra præ
ceptum DOMINI ignem alienum offeren
tes, flammis confumuntur.

LEVITICI   X.

Nadab, auec Abiu, pour autant
Que feu eftrange au Seigneur Dieu offrirent
Contre fon uueil(leur orgueil abatant)
Par feu foudain entre flammes perirent.
D   3

LEVITICI   XIX.

Deſſus le mont Dieu enſeigne à Moyſe
Ses mandementz,qui ſont les Loix morales:
Puis luy apprent l'obſeruance,& la guiſe,
Pour accomplir les Ceremoniales.

M O Y S E S & A A R O N uiros ad pugnam
aptos,iuxta duodecim tribus Iſraël,nume-
rant.Tribus Leui ſuper tabernaculum con
ſtituitur.

N V M E R I   I.

Moyſe eſlit,& nombre entierement
Les hommes fortz,de uaillance ennoblis,
Ceux de Leui ont le gouuernement
Du tabernacle,ou ilz ſont eſtablis.

NVMERI II.

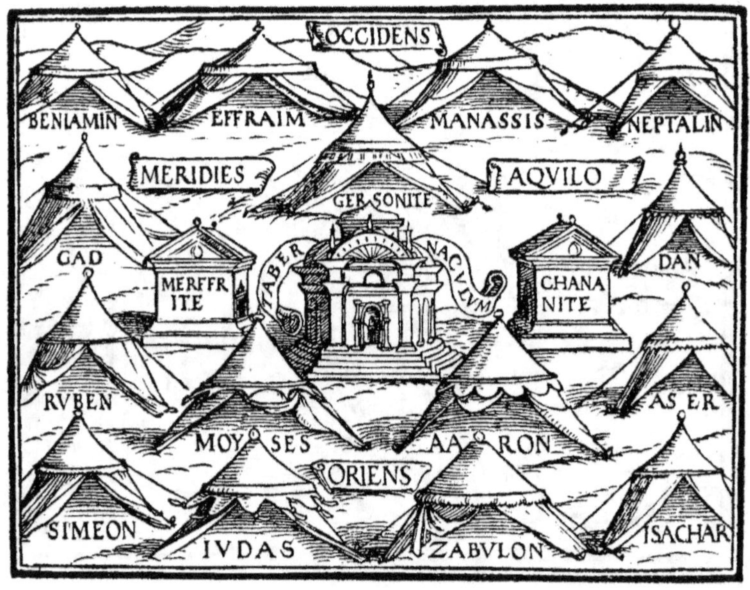

Apres Moyse(au mandement de Dieu)
A ceux qui sont des familles les princes,
Il ordonna leur assiete & leur lieu,
En trauersant les pays,& prouinces.

NVMERI XVI.

Core, Dathan, & Abirom murmurent
Contre Moyſe & ſon authorité:
Mais tout ſubit en terre abſorbez furent,
Comme chaſcun auoit bien merité.

E

ISRAEL rebellis serpentibus ignitis percuti-
tur. Serpentem æneum pro signo erigit Moy
ses: quem cùm percussi aspiciunt, sanantur.

NVMERI XXI.

Par les serpens ardens l'homme greué,
Pour y trouuer remede souuerain,
Estoit guery, quand il auoit leué
Le sien regard uers le serpent d'ærain.

ISRAELITAE uictis Madianitis, prædam
afferunt ad Moyfen, & Aaron. Virginibus
referuatis, mulieres interficiuntur. Præda ex
æquo diuiditur.

NVMERI   XXXI.

Du tout deffaictz font les Madianites,
(La uierge fauue) eft toute femme occife
Par les uainqueurs hommes Ifraëlites:
Et puis entre eux la proye fe diuife.

E   2

Moyse compte, & à entendre donne
Ce qui fut faict, depuis le partement
Du mont Horeb. Puis auec soy ordonne
Des Gouuerneurs, pour son supportement.

M OYSES de discendis & faciendis D E I præ
ceptis, non modò apertè, sed etiam acriter,
populum monet.

D EVTER.   IIII.

Moyse apres aigrement admoneste
Ceux d'Israel d'apprendre & obseruer
La Loy de Dieu bonne, saincte & honneste,
Et ses preceptz (tant bien faictz) conseruer.

E 3

MOYSES de Sacerdotum & Leuitarum uictu
folicitus decernit. CHRISTVS promittitur. Pfeudopropheta occidendus, & quo-
modo dignofcendus.

DEVTER.   XVIII.

Moyfe a foing du uiure des Leuites,
Et Iefus Chrift eft aux hommes promis.
Le faulx prophete à fes mœurs hypocrites
Eft recogneu:& doit eftre à mort mis.

Iosve cum Israëlitarum exercitu, trans Iordanem reges interficit.

IOSVE   XII.

Iosué Duc d'Israël quand il eut
Passé Iordain auec son exercite,
Trente & un Roy il occit, puis esleut
La terre aux siens, & chascun lieu limite.

IVDAS dux Ifraëlitarum,expugnat Chana-
næos. Adonibezec cæfis manuum ac pedū
fummitatibus,in Ierufalē captiuus ducitur.

IVDICVM   I.

Le Duc Iudas Chananée guerroye,
Et pris captif Adonibezec Roy
Les piedz,& mains luy tranche,& puis l'enuoye
A la cité,en si piteux arroy.

Rᴠᴛʜ colligens ſpicas in agro Booz, inuenit
gratiam coram eo . Collectáſque ſpicas defert ad Socrum.

Rᴠᴛʜ   II.

Ruth ua aux champs pour le bled, qui reſtoit
Aux moiſſonneurs, en eſpicz recueillir,
Deuant Booz (à qui le champ eſtoit)
Grace trouua, qui la feit accueillir.

F

ANNA Elcanæ üxor diu sterilis, Heli sacerdo-
te super sellam ante postes templi Domini se-
dente, corde orans, à Deo filium Samuelem
impetrat.

I.   REGVM   I.

Anne ne peut d'Elcana son mary
Auoir enfans, mais le Seigneur receut
Son oraison faicte de cœur marry,
Et luy donna que Samuel conceut.

S A V L à Samuele ungitur in Regem super
Iſraël. Iuxta ſepulcrum Rachel datur ei ſi-
gnum, quo ſe à Deo in Regē unctum credat.

I.   R E G V M   X.

Par Samuel prophete ſainct, & digne
Saul eſt oinct Roy deſſus Iſraël:
Et pour le croire il luy donne le ſigne
De ſeureté, pres le tumbeau Rachel.

D A V I D Saulis armis reiectis, ac solius Dei
potentia confisus, lapide funda iacto Goliath interficit. Philisthæos in fugam uertit.

I.   R E G V M   X V I I.

Dauid occit Goliath d'une pierre,
Sans estre armé, en Dieu se confiant.
Par un enfant le geant mis par terre,
Des Philistins l'ost retourne fuyant.

D A V I D I nuntiatur Philisthæos Ceilam op-
pugnasse,& areas diripuisse:qui consulto bis
Domino,Ceilam à Philisthæis liberat.

I.   R E G V M   XXIII.

On a noncé au preux Dauid,comment
Des Philistins Ceile est assaillie:
Ayant de Dieu prins conseil doublement,
La deliura faisant sur eux saillie.

F   3

DAVIDI mors Saulis & Ionathæ nuntiatur.
Triſtatur Dauid, ac eum,qui mentitus fue-
rat ſe occidiſſe Saulem,occîdi iubet.

II.   REGVM   I.

Vn faux herault au Roy Dauid reuele,
Le Roy Saul & ſon filz eſtre mort,
Penſant porter quelque bonne nouuelle:
Mais por le faiſt uanté,fut mis à mort.

II. REGVM VIII.

Le Roy Dauid fait à soy tributaires
Les Philistins, anciens ennemis,
Et en fin uient à chef de ses contraires,
Adarezer Roy de Sobe à mort mis.

DAVID ab exercitu Vriam reuocat, ut cum
uxore dormiés celaretur adulterium. Vrias,
acceptis à Dauide literis, ad exercitū remit-
titur, & ibi occiditur.

II. REGVM XI.

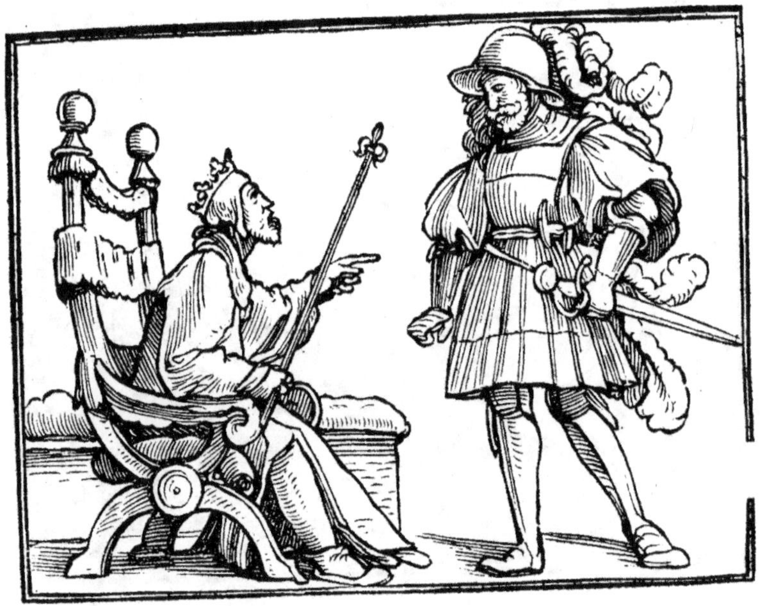

Dauid uoulant l'adultere celer
Mande Vrias, & luy baille une lettre:
Puis luy commande à la bataille aller,
Par telle fraude il le feit à mort mettre.

DAVID arguitur homicidii à Nathan, propo
sita illi parabola diuitis, & pauperis. Rabbath
urbs Ammonitarū à Dauide expugnatur.

II.   REGVM   XII.

Nathan adreſſe à Dauid ſa parole
Pour l'homicide ayant eſté commis,
Et le reprint par une parabole:
Deuant Rabbath auſſi le ſiege eſt mis.

G

II. REGVM XIIII.

Par le moyen d'une femme, & prudence,
Tant fait Ioab,que Dauid ſe rapaiſe
Vers Abſalom,qui uient en reuerence
S'humilier,& ſon pere le baiſe.

AMASA conuocat Iudã contra Sebam:quem
osculatus Ioab,in itinere iuxta lapidē gran-
dem dolosè interficit.

II. REGVM XX.

Amasa uient d'assembler gens de guerre
Contre Seba, & Ioab le salue
Par trahison aupres de la grand pierre,
Et en faignant de l'embrasser,le tue.

G 2

Abisag puella pulchra seni Dauidi frigido
datur, quæ eum dormientem calefaciat.

III.   Regvm   I.

Quand Dauid fut deuenu foible & uieux,
On luy bailla Abisag la pucelle,
Pour l'eschauffer, qui sans faict uicieux
Par maintes nuictz dormit auec icelle.

III.   REGVM   V.

Le roy Hiram ſes ſeruiteurs enuoye
Vers Salomon, auec ſalut treſample:
Lors le requiert Salomon qu'il pouruoye
Luy donner bois pour conſtruire ſon Temple.

IEROBOAM consulit Ahiam prophetam,
per uxorem, de ualetudine filii ægroti. At
illa reuersa, ac limen domus ingrediente,
Abia moritur.

III.   REGVM   XIIII.

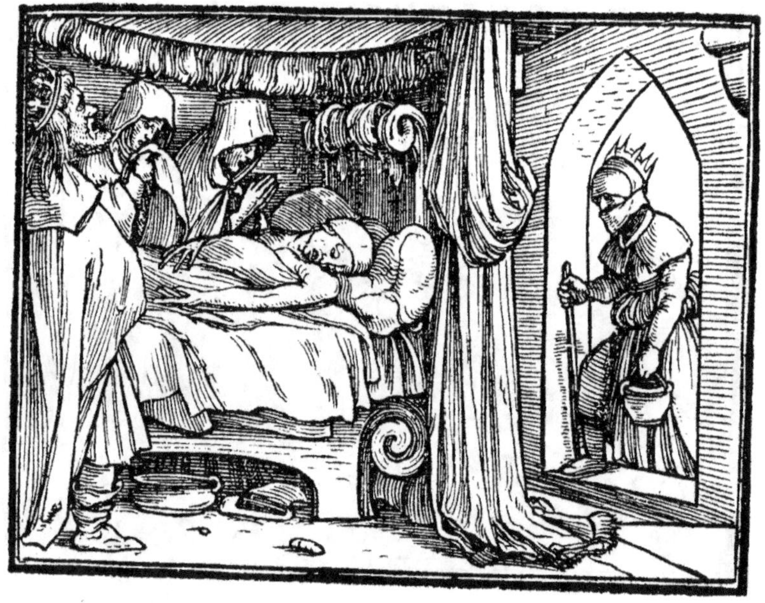

Ieroboam enuoye son espouse,
Pour de son filz malade s'enquerir
Vers Ahias, qui sa mort luy propose,
Et elle entrant l'enfant s'en ua mourir.

ELIAS oftendit facerdotibus Baal, Deum
Ifraël effe uerum Deum, Deo id teftificante
per ignem côfumentem holocauftum Eliæ.
Sacerdotes Baal interficiuntur.

III. REGVM XVIII.

Elie met le beuf deffus l'autel,
Le feu du ciel defcend fans artifice,
Et pour monftrer que le Dieu d'Ifraël
Eft le uray Dieu, bruſle le facrifice.

ELIAS diuidit aquas pallio. Raptus in cœlum
non inuenitur. Eliseum irridentes pueri lace
rantur ab ursis.

IIII. REGVM II.

Cheuaux ardens rauirent, & leuerent
Elie en l'air, dedans un char de feu:
Deux ours du bois les enfans estranglerent,
Lesquelz auoyent moqué l'homme de Dieu.

IOIADA pontifex, Athalia occisa, constituit
Ioas Regem super Israël. Mathan sacerdos
Baal coram altari interficitur.

IIII.   REGVM   XI.

Par Ioiada, Ioas constitué
Sur Israël fut en l'estat Royal:
Et Mathan presbtre idolatre tué,
Deuant l'autel de son faulx Dieu Baal.
H

IIII. REGVM XVI.

Le roy Achaz idolatre deuint,
En feu ardant fon filz il facrifie:
Puis quand la guerre encontre luy furuint,
Secours demande au roy d'Affyrie.

I o s i a s legit Deuteronomium coram populo. Idôla demolitur, & sacerdotes Baal
occîdit.

IIII.   REGVM   XXIII.

Le Roy Iosie au peuple Iudaique
Deuteronome il lit de bout en bout:
Et son pays purgeant d'erreur inique,
Il fait brusler les idoles par tout.

A D A M genealogia uſque ad filios Eſau &
Iacob,breuiter repetitur.

Icy recite & nombre briefuement
Iuſqu'a Iacob, la genealogie,
Depuis Adam, dés le commencement,
Qui fut ſoubz Dieu gouuernée & regie.

S A V L contra Philiſthæos infeliciter pugnans,
ſeipſum interimit. Eius arma in templo Dei
ipſorũ conſecrantur:caput uerò à Philiſthæ-
is in Templum idolorum defertur.

I.   PARALIP.   X.

Saul faiſant la guerre aux Philiſthins,
Soy meſme occit,quand ſa perte contemple:
Les Philiſthins entre tous leurs butins,
Portent le chef de Saul en leur temple.

H   3

Dᴀᴠɪᴅ allata Arca benedicit populo,quem etiam cibat. Miniſtros Arcæ ad laudandum Deum in inſtrumentis muſicis conſtituit.

I.   Pᴀʀᴀʟɪᴘ.   ᴠɪ.

Le Roy Dauid deuant l'Arche de Dieu
Benit le peuple,& à manger luy donne:
Et pour louer le Seigneur,au ſainct lieu
Muſiciens,& inſtrumens ordonne.

II. PARALIP. I.

En Gabaon Salomon sacrifie,
Puis prie à Dieu luy donner sagesse:
Dieu parle à luy, & si luy certifie
Qu'il luy donra Sapience, & Richesse.

II. PARALIP. VI.

Salomon Roy benit les assistans,
Rend grace à Dieu, des promesses parfaictes,
Priant pour ceux, qui seront persistans
Es oraisons, qu'agreables soyent faictes.

S E S A C Rex Aegypti,ob derelictum à Iudæis
Dominum,clypeos aureos,quos fecerat Salomon, omnésque thesauros domus Dei se-
cum aufert.

II. PARALIP. XII.

Vn Roy d'Egypte,aux Iuifz tous uaincuz,
(Pourtant qu'auoyent laiſſé Dieu leur Seigneur)
Oſta threſors,boucliers d'or,& eſcuz,
Que Salomon auoit faict pour honneur.

I

SENNACHERIB blasphemus inuadit Iudã.
Ezechias hortatur populum ad fiduciam in
Deum. Orante Ezechia, Angelus Assyrios
persequitur.

II. PARALIP. XXXII.

Cyrvs à Deo inspiratus, redditis uasis templi, quæ abstulerat Nabuchodonosor, remittit populum ad reædificandam Ierusalem.

I.   Esdrae   I.

Le Roy Cyrus de Dieu bien inspiré,
Rend les uaisseaux pour faire au temple office:
Puis il permit(comme estoit desiré,)
Ierusalem estre en son edifice.

II.   ESDRAE   I.

Nehemias seruant Artaxerxes,
(Pleurant à Dieu, pour la captiuité
De tous Iuifz) eut au Roy tel acces,
Qu'il luy permit refaire la Cité.

IOSIAS quartadecima luna primi mensis, in Ierosolymis immolat Phase.

III. ESDRAE I.

Iosias Roy tressainct se remembra
Du temps passé: & en Ierusalem
Sacrifiant, la Pasque celebra
Iour quatorziesme, au premier mois de l'an.

I 3

TOBIAE I. & II.

Le bon Tobie eſtant captif & uieulx
Dormoit un iour, & lors une arondelle
Eſtant là pres, fienta ſur ſes yeulx,
Dont perd la ueue, & la clarté tant belle.

I O B   I.

Iob par Satan (ayant de Dieu licence)
Souffre en ſes biens grand perſecution:
Ses enfans perd, dont il a patience,
Louant ſon Dieu en telle affliction.

ELIPHAZ arguit Iob de sapientiæ, & mundi-
tiæ arrogantia. Describit impiorum maledi-
ctionem, quam falso Iob innocenti tribuit.

IOB XV.

A l'affligé donnant affliction
Eliphaz, Iob argue d'arrogance,
Et des mauuais la malediction
Mal attribue à sa iuste innocence.

I O B alloquitur Dominus, oſtendens ei ſuam
iuſtitiam ex inſcrutabilibus ſuis operibus.
Iob duplicia pro ablatis reſtituuntur.

I O B   XXXVIII.& XLII.

Iob a de Dieu les propos entendus,
Luy demonſtrant par ſes œuures haultaines
Sa grand iuſtice, & au double renduz
Luy ſont ſes biens, & richeſſes mondaines.

K

ASSVERVS, celebrato conuiuio, potentiam
& gloriam suam ostentat. Vasthi uxore re-
pudiata, Esther Regina efficitur.

E S T H E R   I. & II.

Assuerus celebrant un conuiue
Repudia Vasthi pour son orgueil,
Eesther trouua en sa beauté si uiue,
Qu'il la feit Royne auec un grand recueil.

I V D I T H, oratione abſoluta, ueſtimentis iu-
cunditatis exornat ſe, ut Holofernem uincat
in Dei gloriam.

IVDITH   X.

Iudith ayant faict oraiſon latente,
Parée ſ'eſt d'habitz de pompe, & gloire:
D'Holofernes puis ſ'en ua uers la tente,
Pour à l'honneur de Dieu auoir uictoire.

IVDITH, Holoferne ebrietate sopito,& puella ostium obseruante, caput eius præscindit,
& ciuibus suis defert.

IVDITH XIII.

Holofernes yure comme une beste
S'endort, la fille est au guet à la porte:
A luy dormant Iudith trenche la teste,
Qu'en Bethulie à ses citoyens porte.

D A V I D ſpiritu D E I afflatus, Beatitudines
iuſti uiri deſcribit. Impiorum quoque & infi
delium interitum prædicit.

P S A L M.   I.

Dauid parlant par le Sainct eſperit,
Du bien heureux dict les beatitudes:
Et du mauuais recite qu'il perit,
Car en malice il a mis ſes eſtudes.

K 3

P S A L T E S contra Iudæos excandescit, ac eos
qui C H R I S T V M Messiam Deum in lege
promissum infideliter, & impiè abnegant, in-
sipientes uocat.

P S A L.   L I I.

Folz sont ceux là (comme escrit le Psalmiste)
Qui en leurs cueurs dient que Iesus Christ
N'est Messias, Dauid tant s'en contriste,
Qu'en plusieurs lieux encontre iceux escrit.

CHRISTVS sedet ad dexteram patris. Deus
pater filio suo sacerdotalem dignitatem in
æternum duraturam ex passionis præmio
tradit.

P S A L M.　C I X.

Iesus Christ siet de son Pere à la dextre,
Qui pour loyer de sa mort trescruelle
La dignité luy donne de grand prebstre,
Qui est sans fin durante, & eternelle.

CHRISTI erga sponsam suam ecclesiam, ac rursum sponsæ erga CHRISTVM incomprehensibilis amoris mysteriũ plenissimum exprimitur.

CANTICORVM   I.

Salomon Roy au liure des Cantiques
Propos d'amy uers une amie expose,
L'amour couurant soubz parolles mystiques
De Christ enuers l'Eglise son espouse.

IS A I A S deplorat peccata Ierusalem. Cere-
monias & cultus Iudæorum,quibus ipsi fide-
bant,per Isaiam reiicit Dominus.

IS A I AE   I.

Plourant,lamente Isaie prophete
Du peuple Iuif les grandz pechez, & uices:
Puis Dieu(par luy)de ce peuple reiette
L'hypocrisie auec leurs sacrifices.

L

ISAIAS uidet gloriam Dei, ac peccatum
suum agnoscit. Signo, & uerbo, remissionem
peccatorum consequitur, & ad Iudæos mittitur.

ISAIAE VI.

De Dieu la gloire Isaie apperçoit,
De son peché il a la cognoissance:
L'ange le touche, & pardon il reçoit,
Transmis aux Iuifz par diuine puissance.

E Z E C H I A S ad mortem usque ægrotat.
Signum sanitatis à Domino in horoscopo
accipit.

I S A I A E   XXXVIII.

Ezechias iusqu'à la mort malade,
En l'horoscope eut signe de santé:
Contre son cours le soleil retrograde
De dix degrez, ou il estoit monté.

L   2

Ezechielis quatuor animalium, rotarum, throni & imaginis super thronum uisiones.

EZECH.　　I.

Ezechiel uoit en sa uision
Dieu en son throne, auec les quatre bestes:
L'aigle, le Beuf, & l'Homme, & le Lion,
Roues aussi de tourner tousiours prestes.

E Z E C H I E L I Prophetæ futura restauratio ci
uitatis,& templi in uisionibus ostenditur.

E Z E C H.   X L.

Monstré luy est en contemplation
De son esprit, qui le futur contemple
A l'aduenir, la restauration
De la Cité, & du souuerain Temple.

Ezechiel uidet gloriam Dei templum ingredientē, à quo antè recesserat. Altaris men
suræ describuntur.

Ezech.   XLIII.

Puis uoit apres du grand Dieu immortel
La haulte gloire en ce sainct temple entrer:
Et la longueur, & largeur de l'autel,
Vient par mesure à descrire, & monstrer.

E z e c h i e l uidet aquas è templo manantes.
Termini terræ promiſsionis,& diuiſiones per
tribus à Domino Prophetæ oſtenduntur.

E z e c h.   X L V I I.

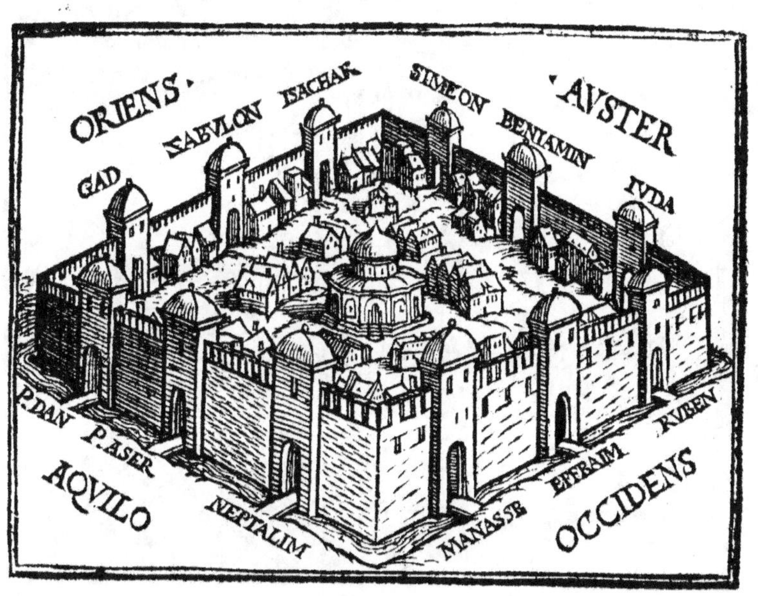

Ezechiel uoit du temple eaux coulantes,
Et les confins de la promiſſion,
Des douze auſſi lignees excellentes,
Monſtrée à luy eſt la diuiſion.

DANIELIS IIII.

Au four ardant(car le Roy l'institue)
Sidrach, Misach, Abdenago sont mis,
Pource qu'ilz n'ont adoré sa statue,
Mais Dieu en fin deliure ses amis.

DANIELI uisio quatuor animalium ostenditur. Hæc autem uisio de quatuor Mundi
regnis interpretatur.

DANIELIS VII.

Daniel uoit les quatre uentz combatre,
De leurs espritz mauuais spirans les pires,
Bestes aussi iusqu'au nombre de quatre,
Signifians du monde quatre empires.

M

DANIEL uidet pugnam inter arietem & hir
cum. Visionis intelligentia Danieli ab Ange
lo manifestatur.

DANIELIS   VIII.

Il uoit apres une bataille forte,
Entre un mouton, & un bouc tout cornu:
L'ange parlant luy expose, & raporte
Ce que sera sur la fin aduenu.

DANIELIS XI.

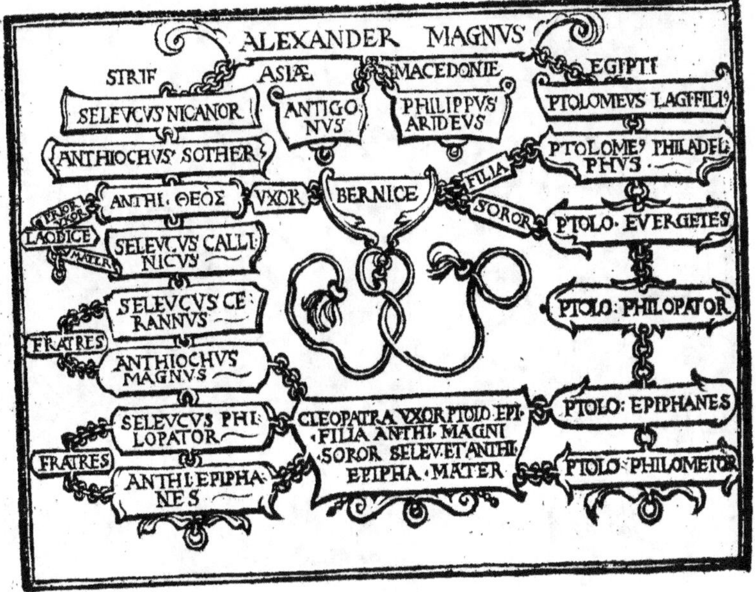

Puis il predit des faictz des Roys de Perſe,
De Grece, Egypte, & des Roys de Syrie:
Prophetiſant mainte guerre diuerſe,
Pour agrandir chaſcune ſeigneurie.

DANIELIS XIII.

Sufanne fut accufée à grand tort
Par deux uieillardz,mais par raifon decente
Daniel ieune enfant,iuge à la mort
Les accufeurs,l'accufée innocente.

DANIEL propter Belis, & Draconis euerſio-
nem, coniicitur in lacum leonũ. Paſcit eum
Habacuc.

DANIELIS XIIII.

Le grand dragon, auec l'idole Bel
Furent deſtruictz. Et pour ce faict fut mis
Dedans le lac aux lions Daniel:
Pour le nourrir Habacuc eſt tranſmis.

M 3

O Z E E I.

Osee prend, & espouse une femme
Fornicatrice, & trois enfans eut d'elle:
Signifiant l'idolatrie infame
Du peuple Iuif, peu uers son Dieu fidele.

I O E L destructionem Ierusalem prædicit. Sa
cerdotes ad orationem, & ieiunium, ob in-
stantem calamitatem, assiduè adhortatur.

I O E L I S . I.

Ioel predit de la destruction
Ierusalem, & aux prebstres supplie,
Vacquer à ieune, & à deuotion,
Et oraison d'humilité remplie.

A M O S   I.

Contre Damas, Philiſthins, Idumée,
Et contre Tyr, auec les filz Ammon,
Sa prophetie Amos ſi l'á ſemée
En brief parler, & ſoubz obſcur ſermon.

IONAS missus in Niniuen ad prædicandum,
affligitur, quòd sermo eius contra Niniuen
non fuerit impletus.

IONAE I. II. & III.

Affligé fut par tempeste soudaine
Ionas transmis en Niniue prescher,
Trois iours au uentre il fut d'une Balaine,
Puis uers Niniue il se print à marcher.

N

HABACVC pulmentum & panes meſſoribus
ferens, in perſona ſanctorum piè conquer-
tur, quòd mali iuſtos perſequantur.

HABACVC   I.

Portant des pains Habacuc le prophete
Aux moiſſonneurs, & laboureurs des champs,
Se plaint à Dieu de ce qu'iniure eſt faicte
Aux gens de bien, par les felons meſchantz.

ZACHARIAE   I.

Zacharias tout le peuple admonneste
Se conuertir au Seigneur Dieu puissant,
Et euiter le peché deshonneste
De ses parentz,ou est chascun glissant.

N   2

A N T I O C H O secundam profectionem in
Aegyptum parante, Ierosolymis signa in cœ
lestibus apparuere.

I I.   M A C H A B.   V.

Antiochus faisant aux Iuifz la guerre,
On ueit au ciel dessus Ierusalem
Hommes armez, tout ainsi qu'en la terre,
Lors prinse fut pour les Iuifz en mal an.

L'autheur.

Qvand uous aurez contemplé ces Images
  Du Dieu uiuant, ayez en souuenir
La grand puissance, & merueilleux ouurages,
Et sa bonté, qui nous peut subuenir.
  Ce uous sera profit à l'aduenir
D'estudier telle philosophie,
Vueillez le sens de l'Eglise tenir,
La lettre occit, & l'esprit uiuifie.

Plus que moins.

Matthæus Euangelista.　Marcus Euangelista.

Lucas Euangelista.　Ioannes Euangelista.

LVGDVNI,

Excudebat Ioannes Frellonius,

1547.